MINISTÈRE DE LA JUSTICE.

DÉCRET DU 30 DÉCEMBRE 1884

PORTANT

RÈGLEMENT D'ADMINISTRATION PUBLIQUE

POUR L'ORGANISATION DES SERVICES

DU MINISTÈRE DE LA JUSTICE.

ARRÊTÉ DU 1ᵉʳ FÉVRIER 1885

PORTANT

RÈGLEMENT INTÉRIEUR

DU MINISTÈRE DE LA JUSTICE.

IMPRIMERIE NATIONALE.

1885.

DÉCRET

PORTANT

RÈGLEMENT D'ADMINISTRATION PUBLIQUE

POUR L'ORGANISATION DES SERVICES

DU MINISTÈRE DE LA JUSTICE.

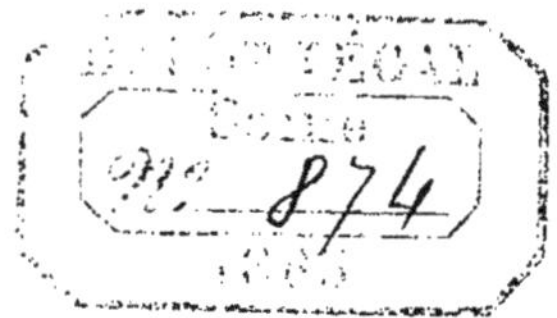

DU 30 DÉCEMBRE 1884.

Le Président de la République française,

Sur la proposition du Garde des sceaux, Ministre de la justice et des cultes;

Vu l'article 16 de la loi de finances du 30 décembre 1882;

Le Conseil d'État entendu,

Décrète :

TITRE PREMIER.

ORGANISATION GÉNÉRALE.

ARTICLE PREMIER.

L'Administration centrale du Ministère de la justice comprend, outre le cabinet du Ministre, deux directions et deux divisions. Le nombre et les attributions des bureaux dont se composent le cabinet, les directions et les divisions, ainsi que le nombre des chefs et sous-chefs de bureau, sont fixés conformément au tableau ci-après :

	DIRECTEURS.	CHEFS de division.	CHEFS de bureau.	SOUS-CHEFS de bureau.
CABINET DU MINISTRE.				
Bureau du cabinet et de l'enregistrement...	"	"	1	1
Services rattachés au cabinet. (Bibliothèque. — Archives. — Matériel.)............	"	"	"	1
DIRECTION DES AFFAIRES CRIMINELLES ET DES GRÂCES.				
1er bureau. — Affaires criminelles.........			1	1
2e bureau. — Grâces et réhabilitations.....			1	1
3e bureau. — Statistique...............	1	"	1	1
4e bureau. — Frais de justice...........			1	1
Expédition...............			"	1
DIRECTION DES AFFAIRES CIVILES ET DU SCEAU.				
1er bureau. — Administration et législation.			1	1
2e bureau. — Officiers ministériels.......	1	"	1	1
3e bureau. — Sceau...................			1	1
DIVISION DU PERSONNEL.				
1er bureau. — Cours, tribunaux et justices de paix de France.......			1	1
2e bureau. — Services judiciaires d'Algérie, de Tunisie et des colonies..	"	1	1	"
DIVISION DE LA COMPTABILITÉ ET DES PENSIONS.				
1er bureau. — Comptabilité.............			1	"
2e bureau. — Pensions.................	"	1	"	1
TOTAUX............	2	2	11	12

Le nombre total des rédacteurs ne peut dépasser 32, celui des commis 18 et celui des expéditionnaires 15.

Le nombre des huissiers, concierges et gardiens de bureau est fixé à 33 au maximum.

La répartition de ce personnel dans les directions, divisions et bureaux est faite par le Ministre, après avis du Conseil d'administration institué par l'article 5 du présent décret.

.ART. 2.

Le cabinet et le secrétariat particulier du Ministre et, le cas échéant, ceux du sous-secrétaire d'État, peuvent être constitués au moyen de personnes étrangères à l'Administration centrale. Ces personnes reçoivent, s'il y a lieu, une allocation dont le chiffre est fixé par le Ministre dans les limites du crédit dont il dispose. Elles ne peuvent être admises dans le personnel de l'Administration centrale que conformément aux règles établies par les articles 7 et suivants.

Lorsque des fonctionnaires ou employés de l'Administration centrale font partie du cabinet ou du secrétariat particulier du Ministre ou du sous-secrétaire d'État, ils continuent à compter dans l'effectif général et ne peuvent être remplacés que par intérim dans leur emploi antérieur.

ART. 3.

Les traitements et les classes du personnel de l'Administration centrale sont fixés ainsi qu'il suit :

2 directeurs... 15,000^f
2 chefs de division..................... 10,000 et 12,000

11 chefs de bureau.	de 1re classe (2 au maximum).	9,000f
	de 2e classe...............	7,500
	de 3e classe (5 au minimum).	6,000
12 sous-chefs......	de 1re classe (2 au maximum).	6,000
	de 2e classe...............	5,000
	de 3e classe (6 au minimum).	4,000
50 rédacteurs, commis et stagiaires.	de 1re classe...............	4,000
	de 2e classe...............	3,500
	de 3e classe...............	3,000
	de 4e classe...............	2,500
	de 5e classe...............	2,200
	Stagiaires...............	1,500
15 expéditionnaires et stagiaires.	de 1re classe...............	3,000
	de 2e classe...............	2,500
	de 3e classe...............	2,000
	de 4e classe...............	1,800
	Stagiaires...............	1,500

33 brigadier, huissiers et gens de service.. 1,200 à 2,000

Par dérogation au classement ci-dessus, les rédacteurs, commis et expéditionnaires qui ont atteint le maximum de leur traitement, peuvent, après vingt ans de service et après avis du Conseil d'administration, obtenir une augmentation de traitement qui peut être portée jusqu'à 500 francs.

La répartition et les avancements en classe ne peuvent avoir lieu que dans les limites du crédit porté au budget et après avis du Conseil d'administration.

ART. 4.

Nul fonctionnaire ou employé de l'Administration centrale ne peut être rétribué, en tout ou en partie, que sur les crédits portés au budget, au chapitre du personnel de l'Administration centrale.

ART. 5.

Il est institué, sous la présidence du sous-secrétaire d'État et, en son absence, du plus ancien directeur, un Conseil d'administration composé des directeurs et chefs de division et du chef du cabinet du Ministre.

Le Conseil délibère sur les matières qui lui sont déférées par le présent règlement et sur celles qui lui sont renvoyées par le Ministre.

ART. 6.

Les directeurs et les chefs de division sont nommés, sans conditions d'origine, par décrets du Président de la République, sur la proposition du Ministre. Tous les autres fonctionnaires ou employés de l'Administration centrale sont nommés par arrêté du Ministre, dans les conditions prévues au titre II du présent décret.

TITRE II.

RECRUTEMENT. — AVANCEMENT ET DISCIPLINE DU PERSONNEL DE L'ADMINISTRATION CENTRALE.

ART. 7.

Sous réserve des droits attribués par la loi aux anciens sous-officiers, le personnel des expéditionnaires se recrute au choix.

Les aspirants doivent être français et âgés de dix-sept ans au moins et de trente ans au plus. Ils doivent produire soit un diplôme de bachelier, soit le certificat de grammaire ou le brevet de capacité de l'enseignement primaire.

ART. 8.

Le personnel des rédacteurs se recrute parmi les licenciés en droit âgés de 21 ans au moins et de 30 ans au plus, ayant satisfait à la loi du recrutement en ce qui concerne le service actif en temps de paix. Toutefois le diplôme de licencié en droit n'est pas exigé pour les emplois de rédacteur à la division de la comptabilité et au bureau du cabinet du Ministre.

ART. 9.

Nul ne peut entrer dans l'Administration centrale à titre de rédacteur ou d'expéditionnaire qu'après un stage d'un an. L'année expirée, le chef du service auquel les stagiaires sont attachés présente, sur leur aptitude, leur conduite et leur manière de servir, un rapport au Ministre qui, après avis du Conseil d'administration, les nomme, s'il y a lieu, titulaires à la dernière classe de leur emploi. Ils ne reçoivent toutefois le traitement affecté à leur emploi que si l'état des crédits le permet. Les stagiaires non commissionnés cessent immédiatement leur service.

Les anciens sous-officiers pourvus d'emplois en vertu de la loi sont dispensés du stage; toutefois, après une année de service, ils sont soumis au même rapport d'appréciation que les stagiaires et, comme ceux-ci, peuvent être licenciés.

ART. 10.

Des emplois de rédacteur, de chef et sous-chef de bureau peuvent être conférés, après avis du Conseil d'administration, aux membres des cours et tribunaux, aux membres des parquets, aux auditeurs du Conseil d'État et de la Cour des comptes ayant au moins trois ans d'exercice, ainsi qu'aux juges de paix pourvus du diplôme de licencié en droit.

La durée de leur service dans leurs dernières fonctions leur est compté pour l'avancement dans l'Administration centrale.

Les juges suppléants peuvent, après deux ans d'exercice, être appelés aux emplois de rédacteur sans condition de stage.

Les notaires, avoués et greffiers peuvent, après dix ans d'exercice, être appelés à l'emploi de chef ou de sous-chef du bureau des officiers ministériels (Direction des affaires civiles et du sceau).

ART. 11.

Toute nomination à un emploi se fait à la dernière classe de cet emploi, sauf l'exception prévue à l'article précédent. Toutefois, si le traitement de la dernière classe de l'emploi supérieur se trouve être moindre que celui qui était jusqu'alors alloué à l'employé promu, celui-ci conserve son traitement actuel.

ART. 12.

L'avancement dans le personnel de l'Administration centrale se fait au choix.

L'avancement de classe a lieu d'une classe à la classe immédiatement supérieure.

Nul ne peut être promu à une classe supérieure s'il n'a au moins un an d'exercice dans la classe qu'il occupe.

Sauf l'exception prévue dans l'article 10, le choix pour l'emploi de chef de bureau ne peut s'exercer que sur les sous-chefs de la 1re et de la 2e classe, et pour l'emploi de sous-chef de bureau, que sur les rédacteurs des trois premières classes. Dans les deux cas, les employés promus devront avoir au moins deux ans d'exercice dans leur emploi.

Les expéditionnaires ou commis d'ordre ne peuvent être nommés à un grade supérieur qu'après cinq ans d'exercice dans leur emploi.

Les huissiers et gens de service avancent par des augmentations de traitement successives de 100 francs dans les conditions prévues par le règlement intérieur du Ministère.

ART. 13.

Un tableau général d'avancement est arrêté à la fin de chaque année par le Ministre, après avis du Conseil d'administration. Il n'est valable que pour l'année suivante.

Il comprend un nombre de candidats double de celui des vacances à prévoir dans chaque emploi et chaque classe pendant le cours de l'année suivante. Aucun fonctionnaire ou employé ne peut recevoir un avancement de classe ou d'emploi s'il n'est porté sur ce tableau.

En cas de circonstances exceptionnelles et de nécessités de service, le Ministre y pourvoit directement, après avis du Conseil d'administration.

ART. 14.

Le diplôme de licencié en droit n'est pas exigé des fonctionnaires de l'Administration centrale pour les emplois de chef ou de sous-chef de bureau au cabinet du Ministre et à la division de la comptabilité, de sous-chef chargé du casier central et de sous-chef chargé de l'expédition à la direction des affaires criminelles et des grâces.

Le chef du service intérieur et le bibliothécaire archiviste peuvent être pris en dehors de l'Administration centrale sans condition d'âge, et sans que le choix du Ministre soit limité aux catégories prévues à l'article 10.

Le bibliothécaire archiviste pris en dehors de l'Administration centrale n'est pas astreint au stage prescrit par l'article 9.

Le premier paragraphe de l'article 11 ne lui est pas applicable.

ART. 15.

Des avocats concourent aux travaux du Ministère avec le titre d'attaché. Ils doivent être docteurs en droit. Ils ne reçoivent aucun traitement.

Ces attachés, après un an de service au Ministère, sont dispensés du stage prescrit par l'article 9 et peuvent être nommés immédiatement rédacteurs.

ART. 16.

Les mesures de discipline applicables aux fonctionnaires ou employés de l'Administration centrale sont :

La réprimande ;

La radiation du tableau d'avancement ;

La retenue du traitement n'excédant pas la moitié du traitement ni la durée de deux mois ;

La rétrogradation ;

La révocation.

La première de ces peines est prononcée par le Ministre, sur le rapport du directeur compétent. Les autres sont prononcées par le Ministre, après avis du Conseil d'administration, l'agent entendu dans ses moyens de défense ou dûment appelé.

Dans ce cas, le procès-verbal de la séance dans laquelle l'agent a comparu, ou, s'il y a lieu, sa défense écrite, accompagne nécessairement le rapport soumis au Ministre par le Conseil. Les arrêtés de révocation visent l'avis du Conseil.

La révocation des directeurs et des chefs de division ne peut être prononcée que par décret du Président de la République.

TITRE III.

DISPOSITIONS DIVERSES.

ART. 17.

Avec l'assentiment du Ministre et après avis des directeurs compétents, des permutations peuvent s'effectuer entre les employés de l'Administration centrale du Ministère de la justice et ceux des services rattachés à ce Ministère ou des Administrations centrales des autres ministères.

Le permutant ne peut pas entrer au Ministère de la justice dans un emploi supérieur à celui de l'employé avec lequel il change de position. Il prend rang dans son emploi et dans sa classe du jour de son admission au Ministère.

ART. 18.

Les commis et les expéditionnaires appelés au service militaire sont remplacés dans l'effectif. Ils sont appelés à remplir les premières vacances qui se produisent après leur libération, s'ils en ont fait la demande dans les trois mois qui précèdent ou dans le mois qui suit leur libération. Le temps passé sous les drapeaux n'est pas compté aux stagiaires pour la durée de leur stage. Pour les titulaires d'emploi, il est compris dans le temps de service exigé pour l'avancement de classe.

Le Ministre, après avis du Conseil d'administration, peut refuser la réadmission dans l'Administration centrale aux employés dont la feuille de punitions militaires constate des fautes graves.

ART. 19.

Sont et demeurent abrogées toutes dispositions contraires au présent décret.

ART. 20.

(Disposition transitoire.)

Les fonctionnaires dont les titres sont supérieurs à ceux établis par le présent décret pourront être maintenus dans leurs titres actuels.

ART. 21.

Le Garde des sceaux, Ministre de la justice et des cultes, est chargé de l'exécution du présent décret.

Fait à Paris, le 30 décembre 1884.

JULES GREVY.

Par le Président de la République :

Le Garde des Sceaux
Ministre de la Justice et des Cultes,

MARTIN FEUILLÉE.

ARRÊTÉ

PORTANT RÈGLEMENT INTÉRIEUR

DU MINISTÈRE DE LA JUSTICE.

DU 1ᵉʳ FÉVRIER 1885.

Nous, Garde des sceaux, Ministre de la justice et des cultes,

Vu le décret en date du 3o décembre 1884, portant règlement d'administration publique pour l'organisation des services du Ministère de la justice,

Sur le rapport du sous-secrétaire d'État;

De l'avis du Conseil d'administration;

Arrêtons :

ARTICLE PREMIER.

L'Administration centrale se compose :

1° Du cabinet du Ministre;
2° De la direction des affaires criminelles et des grâces;
3° De la direction des affaires civiles et du sceau;
4° De la division du personnel;
5° De la division de la comptabilité et des pensions.

ART. 2.

Cabinet du Ministre. — Du cabinet du Ministre relève le bureau du cabinet et de l'enregistrement.

Ouverture, analyse et enregistrement des dépêches ; distribution de la correspondance, renseignements ; demandes d'audience ; affaires qui ne sont spécialement attribuées à aucun bureau, correspondance particulière du Ministre ; insertions au *Journal officiel ;* légalisation des actes civils et judiciaires pour les colonies et l'étranger ; formation du *Bulletin des lois ;* tenue du registre de promulgation ; rapports avec la Présidence de la République, le Conseil d'État, la Grande Chancellerie de la Légion d'honneur et l'Imprimerie nationale.

Le personnel du bureau se compose de : 1 chef de bureau, 1 sous-chef de bureau, 2 rédacteurs, 3 commis d'ordre, 2 expéditionnaires.

Au cabinet du Ministre sont également rattachés :

1° *La bibliothèque et les archives.* — Conservation des originaux des lois ; dépôt des décrets, des arrêtés du Ministre, des avis du Conseil d'État, des principaux avis du conseil d'administration, des circulaires du Ministère, des dossiers et autres papiers de l'Administration ; apposition du sceau ; conservation, classement et catalogue des livres du Ministère.

Le personnel de ce service comprend un bibliothécaire-archiviste et un adjoint-bibliothécaire-archiviste, ayant tous deux rang de rédacteur.

2° *Le service intérieur.* — Ordre intérieur de l'hôtel ; personnel des gens de service ; matériel et dépenses intérieures ;

inventaires et récolements; adjudications et marchés; contrôle et règlement des mémoires; payement des traitements et des dépenses urgentes.

Ce service est assuré par un chef de service intérieur ayant rang de sous-chef de bureau assisté d'un brigadier du service intérieur.

Sous les ordres du chef du service intérieur se trouvent, outre le brigadier, 32 huissiers, gardiens de bureau, concierges et autres gens de service.

ART. 3.

DIRECTION DES AFFAIRES CRIMINELLES ET DES GRÂCES. — La Direction des affaires criminelles et des grâces comprend 4 bureaux, plus le service d'expédition de la direction.

1er bureau. — *Affaires criminelles.* — Poursuite des crimes, délits et contraventions; surveillance de l'instruction des procédures et de l'exécution des condamnations; pourvois en cassation dans l'intérêt de la loi; demandes en règlement de juges et en renvoi pour cause de suspicion légitime; envoi à la Cour de cassation des pourvois formés contre les arrêts et jugements rendus en matière criminelle, correctionnelle et de simple police; renvoi des arrêts intervenus sur ces pourvois; examen des pourvois en revision des procès criminels et correctionnels; projets de lois et décrets concernant les matières criminelles, correctionnelles et de simple police; nomination des présidents d'assises; examen des comptes rendus des sessions; examen des listes du jury; questions relatives aux tribunaux militaires et maritimes; questions de compétence criminelle; examen et exécution des conventions concernant l'extradition des malfaiteurs ; commissions rogatoires ; questions relatives aux frais de justice, partie criminelle du *Bulletin officiel* des arrêts de la Cour de cassation ; personnel des exécuteurs des arrêts criminels et de leurs aides.

2ᵉ bureau. — *Grâces et réhabilitations.* — Instruction et examen des recours en remise ou en commutation de peines en matière criminelle, correctionnelle et de simple police ; rapports sur les condamnations capitales ; grâces collectives accordées à l'occasion de la fête nationale du 14 juillet dans les divers établissements ou colonies pénitentiaires ; notification des grâces en toute matière accordées par le Président de la République ; instruction et examen des demandes en remise de la surveillance de la haute police et des réhabilitations en matière criminelle, correctionnelle et disciplinaire.

3ᵉ bureau. — *Statistique et casier central.* — Préparation des mercuriales, des comptes généraux de l'Administration de la justice criminelle et de celle de la justice civile et commerciale ; réunion des statistiques judiciaires publiées à l'étranger (le directeur des affaires civiles surveille les travaux de la statistique civile et commerciale et des mercuriales relatives aux matières civiles et commerciales) ; casier central ; surveillance des casiers judiciaires d'arrondissement.

4ᵉ bureau. — *Frais de justice.* — Vérification, régularisation et ordonnancement de tous les frais de justice faits en matière criminelle, correctionnelle et de simple police.

Service d'expédition. — Service général des expéditions de la direction des affaires criminelles et des grâces.

Le personnel de la Direction est composé comme suit :
1 directeur, 4 chefs de bureau, 5 sous-chefs de bureau,
12 rédacteurs, 4 rédacteurs-vérificateurs, 7 commis d'ordre,
5 expéditionnaires.

ART. 4.

DIRECTION DES AFFAIRES CIVILES ET DU SCEAU. — La Direction des affaires civiles et du sceau comprend 3 bureaux :

1ᵉʳ bureau. — Administration et législation. — Correspondance relative à tout ce qui concerne l'administration de
la justice civile; commissions rogatoires; conflits; publication des jugements en matière d'absence et autres; signifi-
cation des actes venant de l'étranger ou des colonies; rou-
lements des cours et tribunaux; tableaux des avocats;
exercice de la plaidoirie; état civil.

Questions d'organisation judiciaire en France, dans les
colonies et en Tunisie; création et translation des tribunaux
civils, de commerce et des justices de paix; institution des
chambres temporaires; projets de lois et décrets concernant
les matières civiles et de commerce, et les circonscriptions
de juridiction; pourvois en cassation en matière civile dans
l'intérêt de la loi; publication du *Bulletin officiel* du Ministère de la justice et des arrêts rendus par la cour de cassation en matière civile.

2ᵉ bureau. — Notariat et officiers ministériels. — Organisation, personnel et discipline du notariat, création, suppression et translation de résidences notariales; personnel
des avocats au Conseil d'État et à la Cour de cassation, des
avoués près les cours d'appel et les tribunaux de première
instance, des commissaires-priseurs et des huissiers; créa-

tion et suppression d'offices ministériels; mesures disciplinaires.

3ᵉ bureau. — Sceau. — Dispenses d'âge, de parenté et
d'alliance pour mariage; admissions à domicile en France;
naturalisations; réintégrations dans la qualité de Français;
autorisations de servir et de se faire naturaliser à l'étranger;
questions de nationalité; changements et additions de noms;
titres nobiliaires; majorats; dotations; règlement, réduction
et remise des droits de sceau; personnel et discipline des
référendaires au sceau de France.

Le personnel de la Direction se compose de :
1 directeur, 3 chefs de bureau, 3 sous-chefs de bureau,
5 rédacteurs, 3 commis d'ordre, 5 expéditionnaires.

ART. 5.

Division du personnel. — La Division du personnel comprend 2 bureaux :

1ᵉʳ bureau. — Personnel judiciaire de France. — Personnel
des cours et des tribunaux de 1ʳᵉ instance de la France,
mesures disciplinaires, honneurs et préséances; registres de
pointes; congés. — Personnel des justices de paix de France;
personnel et discipline des greffiers de toutes les juridic-
tions de France.

*2ᵉ bureau. — Personnel judiciaire de l'Algérie, de la Tu-
nisie et des colonies.* — Personnel des cours, des tribunaux,
des justices de paix, des offices publics et ministériels de
l'Algérie, de la Tunisie et des colonies; organisation judiciaire de l'Algérie et des colonies.

Le personnel de la Division est composé de :

1 chef de division, 2 chefs de bureau, 1 sous-chef de bureau, 4 rédacteurs, 3 commis d'ordre, 2 expéditionnaires.

ART. 6.

DIVISION DE LA COMPTABILITÉ ET DES PENSIONS. — Cette division est sous la dépendance immédiate du sous-secrétaire d'État, et comprend 2 bureaux :

1ᵉʳ bureau. — Comptabilité. — Préparation des budgets; ouverture de crédits supplémentaires et extraordinaires; fonds de concours; vérification et ordonnancement des dépenses du personnel et du matériel en France et en Algérie et du personnel en Tunisie; vérification et ordonnancement des dépenses du personnel et du matériel du Conseil d'État; délivrance des mandats; vérification des bordereaux mensuels des préfets et des trésoriers généraux; annulations, reversements, rétablissements de crédits; réimputations et débets; contrôle des dépenses de la justice musulmane en Algérie, tenue des livres; situations provisoires et comptes définitifs; menues dépenses des cours et tribunaux; présentation et contrôle des budgets annexes de la Légion d'honneur et de l'Imprimerie nationale; injonctions et observations de la Cour des comptes; pourvois devant le Conseil d'État au contentieux.

2ᵉ bureau. — Pensions et secours. — Liquidation des pensions de la magistrature, de l'Administration centrale, du Conseil d'État et de la Grande Chancellerie de la Légion d'honneur; secours aux anciens magistrats, commis-greffiers et employés de l'Administration centrale, à leurs veuves et orphelins; états de traitements de l'Administration centrale; états de services de la magistrature et de l'Administration; communications avec le Ministère des finances et avec le Conseil d'État; pourvois au contentieux en matière de pensions.

Le personnel de la Division se compose comme suit :

1 chef de division, un chef de bureau, 1 sous-chef de bureau, 1 rédacteur, 2 rédacteurs-vérificateurs, 1 commis teneur de livres, 1 commis d'ordre, 1 expéditionnaire.

ART. 7.

Le Conseil d'administration institué par l'article 5 du décret du 30 décembre 1884 se réunit sur la convocation de son président; il examine, sur le rapport fait par le chef du service compétent, les affaires ayant trait aux objets suivants : — condamnations à la peine de mort; — personnel de l'Administration centrale : nomination, avancement, discipline, secours et gratifications; — mesures de discipline à prendre contre les officiers ministériels quand on propose l'aggravation de la mesure primitive; — majorats, dotations, titres nobiliaires; — règlement des menues dépenses et frais de parquet des cours et tribunaux ; — marchés passés par le Ministère; — de plus toutes autres affaires : 1° lorsqu'elles ressortissent à plusieurs directions; 2° lorsqu'elles sont renvoyées au Conseil soit par le Garde des sceaux, soit par le sous-secrétaire d'État, ou lorsqu'elles y sont portées spontanément par le chef de service compétent.

ART. 8.

Les avis du Conseil sont pris à la majorité des voix des

membres présents. En cas de partage d'opinions, la voix du président est prépondérante; néanmoins, si la délibération porte sur l'exécution d'une peine capitale, le partage fera prévaloir l'avis favorable au condamné. Les délibérations sont soumises par le président à l'approbation du Garde des sceaux.

ART. 9.

La répartition entre les bureaux, dans chaque direction ou division, du personnel attribué au service par le présent règlement est faite par le directeur ou chef de division qui, suivant les nécessités du service, pourra modifier la répartition et faire passer un employé d'un bureau à un autre. Aucune mutation de personnel entre les diverses directions ou divisions ne pourra avoir lieu qu'avec notre approbation, après avis du Conseil d'administration.

ART. 10.

Le travail ordinaire des employés du Ministère de la justice est fixé à six heures par jour.

ART. 11.

Le travail des bureaux commencera à 11 heures précises.

Les employés ne peuvent s'absenter avant 5 heures sans l'autorisation de leur chef immédiat.

Ils sont obligés de se rendre au Ministère avant 11 heures et d'y rester après 5 heures toutes les fois qu'ils en sont requis.

ART. 12.

Toutefois les chefs de service pourront exceptionnellement, s'il y a lieu, régler différemment le travail des employés pour assurer la présence d'un ou de plusieurs d'entre eux de 9 heures à 6 heures.

ART. 13.

Les chefs de service et, en leur absence ou en cas d'empêchement de leur part, les chefs de bureau, reçoivent seuls le public à leurs heures habituelles d'audience.

Il est défendu aux employés de donner, sous quelque prétexte que ce soit, des renseignements sur les travaux du Ministère.

Aucun dossier ne peut être emporté du Ministère sans une autorisation spéciale du chef de service.

ART. 14.

Les congés d'un mois et au-dessous sont accordés aux employés par les chefs de service. Aucune absence de plus de trente jours ne peut être autorisée que par nous. La demande doit être soumise au Conseil d'administration, qui nous donne son avis.

ART. 15.

Le personnel des gens de service comprend, outre le brigadier, des huissiers, gardiens de bureau, ordonnances, suisse, portier, lingère, frotteurs et hommes de peine.

Ce personnel est réparti entre les différents services par le chef du cabinet sur la proposition du chef du service intérieur.

ART. 16.

Les gens de service doivent être présents au Ministère à
8 heures du matin et ne peuvent le quitter le soir avant
d'y être autorisés.

Ils doivent tout service dont ils sont requis soit par le
chef du service intérieur, soit par le chef du service auquel
ils sont attachés.

ART. 17.

Les congés de quatre jours et au-dessous leur sont accordés par le chef du service intérieur. Aucune absence de
plus de quatre jours ne peut être autorisée que par le sous-
secrétaire d'État, sur la proposition du chef du cabinet.

ART. 18.

Tout homme de service qui contreviendrait à ses devoirs
serait, selon la gravité des cas, ou puni disciplinairement,
ou révoqué, sur la proposition du Conseil d'administration.

Des retenues de traitement ne dépassant pas deux jours
pourront leur être infligées par les directeurs ou chefs de
division du service desquels ils dépendent et par le chef du
service intérieur. Les retenues supérieures à deux jours de
traitement ne pourront être prononcées que par nous, après
avis du Conseil d'administration.

ART. 19.

L'avancement des gens de service a lieu par des augmentations de traitement successives de 100 francs, avec un

intervalle d'au moins deux ans entre chaque augmentation.

ART. 20.

Le sous secrétaire d'État est chargé de l'exécution du présent arrêté.

Fait à Paris, le 1ᵉʳ février 1885.

MARTIN FEUILLÉE.

IMPRIMERIE NATIONALE. — Février 1885.